Birgit Pauls

Datenschutzaspekte bei Bürodienstleistungen

Birgit Pauls

Datenschutzaspekte bei Bürodienstleistungen

Bibliografische Information der Deutschen Nationalbibliothek: Die Deutsche Nationalbibliothek verzeichnet
diese Publikation in der Deutschen Nationalbibliografie;
detaillierte bibliografische Daten sind im Internet über
www.dnb.de abrufbar.

ISBN 978-3-7347-5840-9

Herstellung und Verlag:
BoD – Books on Demand, Norderstedt

Covergestaltung:
Birgit Pauls mit BOD Easy Cover

Vorwort

Zahlreiche kleine Unternehmen bieten Bürodienstleistungen wie vorbereitende Buchhaltung, Schreibdienste, Rechnungserstellung sowie Telefonservice für kleinere Unternehmen oder Freiberufler an. Dieser Ratgeber soll die Spezialfälle im Datenschutz für Anbieter von Bürodienstleistungen beleuchten. Gleichzeitig bietet er aber auch den Auftraggebern dieser Dienstleistungen eine Orientierungshilfe bei der Vertragsgestaltung in Bezug auf die vom Gesetzgeber geforderten Mindestinhalte.

Er erhebt keinen Anspruch auf Vollständigkeit in Bezug auf die allgemeinen Pflichten, die sich aus der Datenschutzgesetzgebung ergeben. Für den Gesamtüberblick sei auf den Ratgeber „Chefsache Datenschutz" verweisen.

Die Handlungsempfehlungen, Vertrags- und Formularvorlagen wurden nach bestem Wissen und Gewissen erstellt. Diese können aber keine Rechtsberatung ersetzen.

Abschließend noch ein Hinweis: Dieses Buch wendet sich gleichermaßen an männliche und weibliche Leser, handelt von Kunden und Kundinnen, Dienstleistern und Dienstleisterinnen usw. Aus Gründen der Vereinfachung und der besseren Lesbarkeit wurde überwiegend die männliche Form gewählt.

Tönning, im Januar 2015

Birgit Pauls

Inhaltsverzeichnis

Auftragsdatenverarbeitung

Bei Bürodienstleistungen werden in der Regel personenbezogenen Daten, d.h. Einzelangaben über persönliche oder sachliche Verhältnisse von bestimmten oder bestimmbaren Personen verarbeitet oder zumindest genutzt.

Dies betrifft z. B. Namen, Anschriften, Telefonnummern, E-Mail-Adressen und Informationen zur Vertragsabwicklung.

Die Daten werden üblicherweise entsprechend der Weisung des Kunden, in der Gesetzgebung Auftraggeber genannt, verarbeitet. Dies bedeutet, dass der Auftraggeber entscheidet, was mit den Daten zu tun ist.

Diese Art der Dienstleistung wird im Bundesdatenschutzgesetz und auch in anderen Vorschriften zum Datenschutz wie Sozialgesetzbuch oder den Landesdatenschutzgesetzen als Datenverarbeitung im Auftrag oder Auftragsdatenverarbeitung, kurz ADV, bezeichnet.

Da es in den vergangenen Jahren immer wieder zu Datenpannen im Rahmen der ADV gekommen ist, stellt der Gesetzgeber besondere Anforderungen bei der Beauftragung einer ADV. Im § 11 BDSG ist geregelt, dass der Auftrag immer schriftlich erfolgen muss. Schriftlich heißt daher unterschrieben, reine Emails sind nicht zulässig. Außerdem muss der Auftrag bestimmte Punkte regeln. Die Mindestinhalte an einem ADV-Vertrag sind in § 11 Abs. 2 wie folgt geregelt:

1. der Gegenstand und die Dauer des Auftrags,

2. der Umfang, die Art und der Zweck der vorgesehenen Erhebung, Verarbeitung oder Nutzung von Daten, die Art der Daten und der Kreis der Betroffenen,

3. die nach § 9 BDSG zu treffenden technischen und organisatorischen Maßnahmen,

4. die Berichtigung, Löschung und Sperrung von Daten,

5. die nach § 11 Absatz 4 BDSG bestehenden Pflichten des Auftragnehmers, insbesondere die von ihm vorzunehmenden Kontrollen,

6. die etwaige Berechtigung zur Begründung von Unterauftragsverhältnissen,

7. die Kontrollrechte des Auftraggebers und die entsprechenden Duldungs- und Mitwirkungspflichten des Auftragnehmers,

8. mitzuteilende Verstöße des Auftragnehmers oder der bei ihm beschäftigten Personen gegen Vorschriften zum Schutz personenbezogener Daten oder gegen die im Auftrag getroffenen Festlegungen,

9. der Umfang der Weisungsbefugnisse, die sich der Auftraggeber gegenüber dem Auftragnehmer vorbehält,

10. die Rückgabe überlassener Datenträger und die Löschung beim Auftragnehmer gespeicherter Daten nach Beendigung des Auftrags.

Wichtig ist die Kontrolle des Auftragnehmers vor Beginn der Verarbeitung.

Bevor auch nur ein einziger Datensatz an den Auftragnehmer übertragen wird – dabei sind nicht nur Informationen in EDV-Systemen, sondern auch in Papierform gemeint – muss sich der Auftraggeber davon überzeugen, dass der Auftragnehmer die im Vertrag vereinbarten technischen und organisatorischen Maßnahmen zum Datenschutz einhält. Die Prüfung muss dokumentiert werden. Bei Nichteinhaltung der Formvorschriften oder Nichtdurchführung der Prüfung kann ein Bußgeld von bis zu 50.000 € verhängt werden – Geld, welches man sparen kann, indem man darauf achtet, dass die Formalien des § 11 BDSG eingehalten werden.

Wie kann die Prüfung der Maßnahmen erfolgen?

Der Auftraggeber muss davon überzeugt sein, dass die vereinbarten Maßnahmen umgesetzt wurden und auch entscheiden, ob die Maßnahmen dem Schutzzweck seiner Daten angemessen sind.

Dieses kann er auf unterschiedliche Art tun. Eine einfache Möglichkeit besteht z. B. darin, dass der Auftraggeber dem Auftragnehmer einen Fragebogen zusendet. Andere Möglichkeiten sind die Vorlagen der Prüfberichte des Datenschutzbeauftragten, Berichte von unabhängigen Dritten, wie Wirtschaftsprüfern oder Zertifizierungen zum Datenschutz, wie beispielsweise eine Zertifizierung nach ISO 27001 oder BSI-Grundschutz.

Da Bürodienstleister in der Regel kleine Unternehmen sind, die von der Pflicht zur Bestellung eines Datenschutzbeauftragten befreit sind und nicht von Wirtschaftsprüfern testiert werden, entfällt diese Art der Prüfung normalerweise bei Bürodienstleistern.

Eine weitere Möglichkeit ist ein Besuch des Auftraggebers beim Auftragnehmer, bei dem sich der Auftraggeber vor Ort von den Maßnahmen des Datenschutzes überzeugt.

Eine solche Prüfung ist für den Auftragnehmer relativ aufwendig, muss aber geduldet werden, solange es innerhalb der Geschäftszeiten erfolgt und der Zeitaufwand angemessen ist. Schwierig ist es, wenn die Daten in Privatwohnungen verarbeitet werden. Das Grundgesetz garantiert die Unverletzbarkeit der Wohnungen. Wenn weitere Personen als der Auftragnehmer in der Wohnung wohnen, müssen alle Bewohner der Überprüfung des Auftragnehmers durch den Auftraggeber, ggf. dessen Kunden, wenn der Auftraggeber Subunternehmer einer Auftragsdatenverarbeitung ist, und möglicherweise auch durch Datenschutzaufsichtsbehörden, innerhalb der Wohnung zustimmen.

Kann der Auftragnehmer diese Einwilligungen nicht beschaffen, ist es möglich, dass der Auftraggeber den Auftrag zurückzieht, da eine hinreichende Prüfung nicht in allen Fällen gewährleistet werden kann, insbesondere dann, wenn der Auftraggeber selbst Auftragnehmer einer Auftragsdatenverarbeitung ist und er sicherstellen muss, dass dem Kunden die Prüfrechte, die der Kunde beim Hauptauftragnehmer durchgesetzt hat, auch in die Verträge mit den Subunternehmern, entsprechend der Regelungen mit dem Hauptauftragnehmer, aufgenommen werden.

Bei einer Verarbeitung von Daten in einer Privatwohnung muss darüber hinaus sichergestellt werden, dass die anderen Bewohner der Wohnung die Daten nicht einsehen können, weder auf dem Rechner noch in Papierform. Auch Familienmitglieder sind in Hinblick auf den Datenschutz Dritte, sofern sie nicht als mitarbeitende Familienangehörige auf das Datengeheimnis verpflichtet wurden. In allen anderen Fällen ist eine Einsichtnahme in die Daten durch Familienangehörige oder anderer Bewohner der Wohnung eine unzulässige Übermittlung von Daten an Dritte – sprich ein Verstoß gegen den Datenschutz.

Daher sollte der PC, auf dem die Daten verarbeitet werden, möglichst nicht von Familienangehörigen genutzt werden. Falls dieses doch der Fall ist, müssen verschiedene Konten eingerichtet werden und sichergestellt sein, dass ein Zugriff auf die Daten des Kunden durch Dritte nicht möglich ist. Außerdem müssen Akten und mobile Datenträger wie USB-Sticks, CDs oder Ähnliches in verschlossenen Schränken aufbewahrt werden.

Wer ist für die Erstellung des Vertrages verantwortlich?

Der Auftraggeber ist verantwortlich für die Vertragsgestaltung und muss ggf. Bußgelder zahlen, wenn der Vertrag nicht den gesetzlichen Mindestanforderungen genügt oder eine ordnungsgemäße Prüfung des Auftragnehmers vor Beginn der Verarbeitung nicht erfolgt.

Da Auftraggeber von Bürodienstleistungen häufig kleinere Unternehmen sind, die die Datenschutzgesetzgebung nicht perfekt kennen, empfiehlt es sich für den Auftragnehmer – sprich dem Anbieter von Bürodienstleistungen –, dem Kunden einen Standardvertrag vorzulegen, der alle in § 11 BDSG geforderten Aspekte abdeckt. Der Kunde wird in vielen Fällen dankbar über den angebotenen Service sein.

Für Sie als Anbieter von Bürodienstleistungen hat die Nutzung eines Standardvertrages den Vorteil, dass Sie aufwendigen Vertragsprüfungen der vom Kunden bereitgestellten Verträge vermeiden – eine nicht zu unterschätzende Kostenersparnis in Bezug auf Zeit und Geld.

Wie kann nun nun ein ADV-Vertrag aussehen?

Nachfolgend ein Muster mit Erläuterungen (Muster des Vertragstexts in kursiver Schrift, Erläuterungen in spitzen Klammern und in normaler Schrift). Dabei handelt es sich nur um eine Empfehlung aus der Praxis basierend auf gängigen Vertragsmustern von Datenschutzaufsichtsbehörden und -verbänden. Für einen rechtssicheren Vertragsentwurf lassen Sie sich bitte durch einen Juristen beraten.

Vertrag über Auftragsdatenverarbeitung gemäß § 11 BDSG zwischen

<Name und Anschrift des Bürodienstleisters>

im Folgenden Dienstleister genannt

und

<Name und Anschrift des Kunden>

im Folgenden Kunde genannt.

Beschreibung des Auftrages

Der Dienstleister erbringt Bürodienstleistungen für den Kunden entsprechend der Weisungen des Kunden.

Konkrete Beschreibung des Auftragsgegenstandes:

< Hier muss eine genauere Beschreibung erfolgen.

Ein Beispiel:

Der Dienstleister betreibt die Telefonzentrale des Kunden. Dazu wird die Festnetznummer des Kunden auf eine benannte Telefonnummer des Dienstleisters weitergeleitet. Der Dienstleister nimmt den Anruf mit folgendem Begrüßungstext an: Malermeister Klecksel, Sie sprechen mit Sabine Gründlich."

Terminanfragen werden direkt vom Dienstleister mit dem Anrufer koordiniert. Hierzu erhält der Dienstleister einen stets aktuellen Terminkalender des Kunden. Wünscht der Anrufer ein Angebot, werden alle für das Angebot relevanten Informationen, anhand des dem Dienstleisters vorliegenden Angebotsfragebogens, telefonisch abgefragt. Der Fragebogen wird anschließend als mit Passwort geschütztes ZIP-File an den Kunden weitergeleitet.

Kann der Anruf nicht an den Kunden weitergeleitet werden (z. B. wg. eines besetzten Anschlusses oder der Anruf wird vom Kunden nicht angenommen), so wird die Telefonnummer des Anrufers erfragt und eine Rückrufbitte per E-Mail an den Kunden gesendet.

Wöchentlich erhält der Dienstleister vom Kunden eine Liste mit Stundenzetteln zu abgearbeiteten Aufträgen. Der Dienstleister übernimmt die Rechnungsstellung für den Kunden, überwacht die Zahlungseingänge und mahnt nach drei Wochen Zahlungsverzug.

Zur Rechnungsstellung erhält der Dienstleister eine Kopie der Angebote vom Kunden.

Nach dem Rechnungslauf erhält der Kunde eine wöchentliche Rechnungsausgangsliste sowie eine Liste aller noch offenen Posten im Excel-Format.

In der Offene-Posten-Liste vermerkt der Kunde die Zahlungseingänge und sendet die aktualisierte Offene-Posten-Liste wöchentlich an den Dienstleister zurück.

Aus den Stundenzetteln erstellt der Dienstleister außerdem eine monatliche Stundenabrechnung pro Mitarbeiter, die er am ersten Werktag des Folgemonats zur Lohn- und Gehaltsabrechnung an den Steuerberater ABC weitergibt.>

Betroffene Personengruppen

<Hier muss nun eine Aufstellung der Personengruppen folgen, deren Daten an den Dienstleister übergeben werden. Ein Beispiel:

- Beschäftigte im Sinne des § 3 Abs. 11 BDSG

- Interessenten

- Lieferanten

- Kunden >

Verarbeitete Datenkategorien

<Hier müssen die an den Dienstleister übergebenen, bzw. z. T. auch von ihm erhobenen Datenkategorien, beschrieben werden. Jedes einzelne Feld im Datensatz muss nicht benannt werden, aber die Beschreibung darf nicht zu allgemein sein.

„Es werden alle zur Auftragsabwicklung erforderlichen Daten sowie Daten von Mitarbeitern verarbeitet" reicht nicht aus.

Ein Beispiel:

- Kundennummern bei Kunden

- Mitarbeiternummern bei Beschäftigten

- Name, Vorname

- Anschriften

- Telefon, Fax, E-Mail

- Datum, Uhrzeit

- Grund des Anrufes

- auf dem Stundenzettel

    - Name des Mitarbeiters

    - Name des Kunden

    - Anschrift der Baustelle

    - Datum, Arbeitszeit von... bis...

    - Pausenzeit

- Rechnungsdaten wie

    - Rechnungsnummer

    - Leistungszeitraum

    - Anzahl Stunden

    - Stundensatz

    - Anfahrtspauschalen

    - verbrauchte Materialien

Ein zweites Beispiel:

- Kunden-Nr.

- Name, Vorname

- Anschrift

- Telefon

- E-Mail

- Bankverbindung

- Fahrzeugkennzeichen

- Fahrzeugmarke, Typ

- Datum von Inspektionen

- Durchgeführte Arbeiten

- Abrechnungsdaten...

Als Dienstleister sollte man Wert auf eine genaue Spezifikation der zu verarbeiteten Daten legen. Es ist für den Dienstleister wichtig zu wissen, ob möglicherweise Daten mit einem hohen Schutzbedarf von ihm verarbeitet werden sollen. In diesem Fall könnten im Schadensfall die Bußgelder und die Schadensersatzforderungen die der Kunde ggf. im Vertrag durchreicht, deutlich höher ausfallen.

Daten, die potentiell einen höheren Schutzbedarf erfordern sind:

- besondere Arten personenbezogener Daten nach § 3 Abs. 9 BDSG: Angaben über rassische und ethnische Herkunft, politische Meinungen, religiöse und philosophische Überzeugungen,

Gewerkschaftszugehörigkeit, Gesundheit oder Sexualleben.

- Sozialdaten, d.h. Daten, die von einem Sozialleistungsträger verarbeitet werden, wie Krankenkassen, Arbeitsagenturen.

- Daten, die gemäß § 203 StGB einem Berufsgeheimnis unterliegen, d.h. bei denen die verantwortliche Stelle beispielsweise Arzt, Apotheker, Psychologe, Steuerberater, Notar, Wirtschaftsprüfer, Anwalt, eine bestimmte Beratungsstelle, private Kranken- Unfall oder Lebensversicherung oder eine privatärztliche, steuerberaterliche oder anwaltliche Verrechnungsstelle ist.

- Bankdaten wie Bankverbindung, Kreditkartennummer, Informationen über Kontostände oder Kredite des Betroffenen.

- Smart-Meter Daten, d.h. Zählerdaten von Strom-, Wasser- oder Gaszählern, die per Fernauslesung erhoben wurden.

Bei einer Offenbarung oder unzulässigen Übermittlung solcher Daten ist § 42a BDSG (Informationspflichten bei unrechtmäßiger Kenntniserlangung von Daten) anzuwenden. Dies bedeutet, dass alle Betroffenen und die Aufsichtsbehörden durch die verantwortliche Stelle, den Kunden, zu informieren sind. Für den Dienstleister bedeutet dies letztendlich aber auch, dass er in den Fokus der Aufsichtsbehörden gerät, selbst dann, wenn er die Datenschutzpanne nicht zu verantworten hat.>

Ort der Datenverarbeitung

Die Daten werden ausschließlich im Gebiet der Bundesrepublik Deutschland, in einem Mitgliedsstaat der Europäischen Union oder in einem anderen Vertragsstaat des Abkommens über den Europäischen Wirtschaftsraum verarbeitet oder genutzt. Eine Verlagerung in ein Drittland bedarf der vorherigen Zustimmung des Auftraggebers und darf nur erfolgen, wenn die besonderen Voraussetzungen der §§ 4b, 4c BDSG erfüllt sind.

<Wichtig ist auch der Ort der Datenspeicherung. Daten dürfen nur in der sicheren EU gespeichert werden. Sollen Daten in einem anderen Land gespeichert werden, sind zusätzliche Sicherheitsmaßnahmen, Verträge zum Datenschutz, sowie eine Rechtsgrundlage sowie seitens des Kunden eine Einwilligung aller Betroffenen in die Verlagerung der Daten in ein Drittland erforderlich. Besondere Sorgfalt ist geboten, wenn der Dienstleister Buchführungsaufgaben übernimmt: Gemäß § 146 AO müssen die Bücher in Deutschland geführt werden (und damit auch auf Datenverarbeitungsanlagen mit Standort in Deutschland gespeichert werden), sofern nicht ein schriftlicher Antrag auf Speicherung in einem andern Land von bei der zuständigen Finanzbehörde gestellt und von dieser genehmigt wurde. Dies bedeutet, dass bei Datenspeicherung in der Cloud immer hinterfragt werden muss, wo die Server nun tatsächlich in materieller Form stehen.>

<Der Formulierungsvorschlag für Verträge mit Ihren Lieferanten, die unter Umständen Subunternehmer Ihrer Auftragsdatenverarbeitung sind, lautet folgendermaßen:

Die Verarbeitung und Nutzung der Daten erfolgt aus-
schließlich im Gebiet der Bundesrepublik Deutschland.

Hintergrund: Sie müssen sicherstellen, dass die Verträge mit ihren Dienstleistern so gestaltet sind, dass sie
auch Mindestanforderungen aus den Verträgen ihrer
Kunden erfüllen, sofern ihre Dienstleister als Subunternehmer von Auftragsdatenverarbeitung eingesetzt werden.

Daher die Empfehlung: Sicherheitshalber Daten von
Dienstleistern nur innerhalb Deutschlands verarbeiten
lassen, gegenüber Kunden eine weitere Formulierung
wählen, die die Länder der EU einschließt. >

Technische und organisatorische Maßnahmen

Mindestanforderungen an die vom Dienstleister umzu-
setzenden technischen und organisatorischen Maßnah-
men zum Datenschutz ergeben sich aus Anlage 1.

Kunde und Dienstleister sind sich darüber einig, dass
diese Maßnahmen dem technischen Fortschritt unter-
liegen. Daher ist es dem Dienstleister gestattet, alterna-
tiv adäquate Maßnahmen umzusetzen, sofern das fest-
gelegte Sicherheitsniveau durch die Änderungen nicht
unterschritten wird. Wesentliche Änderungen sind zu
dokumentieren und dem Kunden vorab zur Genehmi-
gung vorzulegen.

Der Kunde als verantwortliche Stelle hat die Verfahrens-
übersichten zu führen. Auf Anforderung hat der Dienst-
leister ihm die Angaben nach § 4g Abs. 2 Satz 1 BDSG
zur Verfügung zu stellen.

Rechte der Betroffenen

Der Kunde ist dafür verantwortlich, die Rechte der Betroffenen sicherzustellen. Daher darf der Dienstleister Daten, die im Auftrag des Kunden verarbeitet werden, nur nach Weisung des Kunden berichtigen, löschen oder sperren.

Wendet sich ein Betroffener wegen eines Auskunftsersuchens nach § 34 BSDG oder anderer datenschutzrechtlicher Grundlagen wie TMG, SGB oder andere, Berichtigung oder Löschung von Daten an den Dienstleister, so hat der Dienstleister dies sofort an den Kunden weiterzuleiten.

Der Dienstleister unterstützt den Kunden auf Anfrage bei der Beantwortung von Auskunftsersuchen.

Pflichten des Dienstleisters

Sofern gesetzlich vorgeschrieben: Bestellung eines betrieblichen Datenschutzbeauftragten. Die Kontaktdaten des Datenschutzbeauftragten werden dem Kunden auf Anfrage mitgeteilt.

Verpflichtung der eingesetzten Mitarbeiter auf das Datengeheimnis nach § 5 BDSG und das Fernmeldegeheimnis nach § 88 TKG.

<Sofern Auftragsdatenverarbeitung für einen Sozialdatenträger erbracht wird, nachfolgenden Passus ergänzen: Verpflichtung der Mitarbeiter auf das Sozialgeheimnis nach § 35 SGB I.>

Der Dienstleister informiert den Kunden unverzüglich über Kontrollhandlungen und Maßnahmen der Aufsichtsbehörde nach § 38 BDSG. Dies gilt auch, wenn eine zuständige Behörde nach §§ 43, 44 BDSG beim Auftragnehmer ermittelt.

Der Dienstleister setzt die in Anlage 1 vereinbarten technischen und organisatorischen Maßnahmen um. Die Einhaltung der vereinbarten Maßnahmen sowie die der im Auftrag vereinbarten Regelungen zur Vertragserfüllung wird vom Dienstleister durch regelmäßige Prüfungen kontrolliert.

Der Dienstleister weist dem Kunden die von ihm getroffenen technischen und organisatorischen Maßnahmen in geeigneter Form nach. Geeignet sind insbesondere auch Berichte und Teste unabhängiger Dritte wie Wirtschaftsprüfer, Datenschutzbeauftragter, Datenschutzauditoren oder Qualitätsauditoren.

<Ein Passus zur Datenverarbeitung in Privaträumen der Mitarbeiter kann aufgenommen werden. Der Kunde kann fordern, dass eine Verarbeitung sowie Daten in Privatwohnungen nur mit seiner vorhergehenden Zustimmung gestattet ist.>

Subunternehmer

Unterauftragnehmer dürfen vom Dienstleister nur nach vorheriger schriftlicher Genehmigung eingesetzt werden. Der Vertrag zwischen Dienstleister und Unterauftragnehmer muss so gestaltet werden, dass den Datenschutzbestimmungen die Regelungen dieses Vertrages entsprechen.

Im Vertrag zwischen Dienstleister und Unterauftragneh-mer sind dem Kunden Kontrollrechte entsprechend die-ser Vereinbarung und des § 11 BDSG beim Unterauf-tragnehmer einzuräumen.

< Sofern sie selbst Kunde sind, ergänzen: *Der Dienstleis-ter muss dem Kunden auf schriftliche Weisung hin Aus-kunft über die wesentlichen Vertragsinhalte sowie die vereinbarten technischen und organisatorischen Maß-nahmen geben. Dazu darf der Kunde ggf. auch Einsicht in die relevanten Vertragsunterlagen erhalten.>*

Nicht genehmigt werden müssen Unterauftragnehmer, die Nebenleistungen zur Erfüllung des Auftrages erbrin-gen. Dies sind z. B. Telekommunikationsdienstleistun-gen, Reinigungskräfte, Prüfer, Benutzerservice und War-tung sowie Entsorgung von Datenträgern.

<Hinweis: Entsorgung von Papier und Datenträgern sind Bereiche, in denen bei schlecht ausgewählten Dienst-leistern immer wieder Datenschutzpannen geschehen. Daher empfehle ich Ihnen, wenn Sie Kunde sind, den Dienstleister auf jeden Fall vorab benennen zu lassen.>

Auch bei diesen Dienstleistungen ist der Dienstleister verpflichtet, seine Unterauftragnehmer im Hinblick auf den Datenschutz sorgsam auszuwählen, angemessene technische und organisatorische Maßnahmen zu ver-einbaren, die Unterauftragnehmer regelmäßig in Hin-blick auf die Vereinbarungen gemäß § 11 BDSG zu über-prüfen, sowie sicherzustellen, dass die Verträge den An-forderungen aus § 11 BDSG genügen.

Kontrollrechte des Kunden

Der Dienstleister stellt sicher, dass der Kunde sich von der Einhaltung der vertraglich vereinbarten technischen und organisatorischen Maßnahmen überzeugen kann. Die Prüfung kann durch den Kunden selbst oder durch einen vom Kunden benannten Prüfer, der vom Kunden auf Verschwiegenheit verpflichtet wurde, durchgeführt werden. Der Dienstleister weist die Umsetzung der getroffenen technischen und organisatorischen Maßnahmen gemäß Anlage zu § 9 BDSG auf Anfrage nach. Mögliche Nachweise sind auch Berichte unabhängiger Instanzen wie Wirtschaftsprüfer, Datenschutzbeauftragte, IT-Sicherheitsbeauftragte, Datenschutzauditoren, sowie geeignete Zertifizierungen zur IT-Sicherheit oder zum Datenschutz wie ISO 27001, BSI-Grundschutz.

Weiter hat der Kunde das Recht, Stichprobenkontrollen beim Dienstleister vor Ort durchzuführen. Die Kontrollen sind mindestens drei Tage im Voraus anzumelden.

Mitteilung bei Verstößen des Dienstleisters

Der Dienstleister meldet dem Kunden unverzüglich, wenn er oder die bei ihm beschäftigten Personen, gegen die Vorschriften zum Schutz personenbezogener Daten oder die Vereinbarungen dieses Auftrages verstoßen haben.

<Den nächsten Abschnitt sollten Sie möglichst nur dann aufnehmen, wenn Sie selbst Kunde sind. Falls Sie Dienstleister sind, überprüfen Sie dringend die vereinbarten Datenkategorien, wenn der Kunde Ihnen einen Passus bezüglich § 42a BDSG in den Vertrag schreibt.>

Falls personenbezogene Daten abhanden kommen, unberechtigt übermittelt werden oder Dritten unrechtmäßig zu Kenntnis gelangen, können Informationspflichten nach § 42a BDSG bestehen. Solche Vorfälle sind dem Kunden unabhängig vom Verursacher unverzüglich mitzuteilen. Der Dienstleister hat in Abstimmung mit dem Kunden angemessene Maßnahmen zur Sicherung der Daten und zur Minderung evtl. möglicher nachteiliger Folgen für Betroffene zu treffen. Außerdem hat der Dienstleister den Kunden bei der Erfüllung seiner Pflichten nach § 42a BDSG zu unterstützen. Der Dienstleister muss den Kunden ebenfalls bei schwerwiegenden Störungen des Betriebsablaufes, bei Verdacht auf Verletzungen von Vorschriften zum Schutz personenbezogener Daten sowie bei anderen Unregelmäßigkeiten im Umgang mit den Daten des Kunden informieren.

Weisungen

Der Dienstleister verarbeitet die Daten ausschließlich entsprechend den Weisungen des Kunden. Ist der Dienstleister der Meinung, dass eine Weisung des Kunden gegen Vorschriften zum Datenschutz verstößt, wird er den Kunden unverzüglich informieren. Der Dienstleister darf die Durchführung der entsprechenden Weisung aussetzen, bis sie vom Kunden bestätigt oder geändert wurde.

Weisungen erfolgen grundsätzlich in Schriftform oder per E-Mail (Textform). Werden in Ausnahmefällen mündliche Weisungen erteilt, so sind diese unverzüglich schriftlich oder per E-Mail zu bestätigen.

Kopien dürfen nicht ohne Weisung des Kunden erstellt werden. Dieses gilt nicht für Sicherheitskopien, sofern sie zur Gewährleistung einer ordnungsgemäßen Datenverarbeitung erforderlich sind und für Daten, die in Hinblick auf die Einhaltung gesetzlicher Aufbewahrungsfristen erforderlich sind.

Der Kunde stellt sicher, dass alle für die Verarbeitung der Daten erforderlichen Einwilligungen vorliegen. Der Dienstleister hat das Recht, sich in Stichprobenkontrollen davon zu überzeugen.

<Hintergrund: Wenn Sie z.B. Werbung im Auftrag ihres Kunden machen, muss sichergestellt sein, dass die Einwilligungen des Betroffenen vorliegen. Anderenfalls bekommen Sie als Anrufender erst einmal den Ärger.>

Weisungsberechtigt beim Kunden sind:

<Namen der weisungsberechtigten Personen ergänzen>

Beim Dienstleister sind folgende Personen zum Empfang von Weisungen berechtigt:

<Namen der Personen ergänzen, die zum Empfang von Weisungen berechtigt sind.>

Wechselt ein Ansprechpartner oder ist ein Ansprechpartner längerfristig verhindert, so ist der Nachfolger oder Vertreter unverzüglich schriftlich oder per E-Mail zu benennen.

Löschung von Daten, Rückgabe von Datenträgern

Der Dienstleister gibt dem Kunden alle in seinen Besitz gelangten Unterlagen, Ergebnisse und Daten, die im Zusammenhang mit dem Auftrag stehen, auf Weisung, spätestens aber nach Abschluss der vertraglich vereinbarten Aufgaben zurück oder vernichtet sie nach vorheriger Zustimmung durch den Kunden. Dies gilt auch für Test- oder Ausschlussmaterial. Dokumentationen zum Nachweis der Auftrags- und ordnungsgemäßen Datenverarbeitung sind durch den Dienstleister entsprechend ihrer gesetzlichen, vertraglichen oder satzungsgemäßen Aufbewahrungsfristen über Vertragsende hinaus aufzuheben. Alternativ kann der Dienstleister sie zu seiner Entlastung dem Kunden übergeben.

Haftung

Der Dienstleister haftet dem Kunden für Schäden, die bei der Erbringung der vereinbarten Leistung schuldhaft von ihm, seinen Mitarbeitern oder von ihm mit der Durchführung Beauftragten verursacht wurden. Der Kunde ist gegenüber dem Betroffenen für Schäden verantwortlich, die er wegen eines nach dem BDSG oder anderen Regelungen zum Datenschutz unzulässigen oder unrichtigen Datenverarbeitung im Rahmen des Auftrages erleidet. Wenn der Kunde zum Schadensersatz gegenüber dem Betroffenen verpflichtet ist, bleibt ihm der Rückgriff beim Dienstleister vorbehalten.

Sonstiges

Für Nebenabreden ist die Schriftform erforderlich.

Sollte das Eigentum des Kunden durch Maßnahmen Dritter (wie Pfändung und Beschlagnahme), durch ein Insolvenz- oder Vergleichsverfahren oder andere Ereignisse gefährdet werden, muss der Dienstleister den Kunden unverzüglich darüber informieren.

Die Einrede des Zurückbehaltungsrechts im Sinne von § 273 BGB wird hinsichtlich der verarbeiteten Daten und der zugehörigen Datenträger ausgeschlossen.

Ort, Datum
Unterschriften Kunde und Dienstleister

Muster zu Anlage 1

Technische und organisatorische Maßnahmen nach § 9 BDSG.

<Im Folgenden werden typische mögliche technische und organisatorische Maßnahmen eines Bürodienstleisters aufgelistet. Das Muster ist entsprechend der individuellen Gegebenheiten anzupassen.>

Zutrittskontrolle

< Durch Maßnahmen zur Zutrittskontrolle soll ein unbefugter Zutritt verhindert werden. Zutritt ist dabei räumlich gemeint.>

- *Türen sind stets verschlossen.*

- *Die Räume werden außerhalb der Geschäftszeiten durch eine Alarmanlage mit Aufschaltung bei einem Wachdienst überwacht.*

- *Der Server befindet sich in einem verschlossenen Raum < (ohne Fenster / mit vergittertem Fenster / mit Fenster)* ergänzen falls relevant>.

- *Unterlagen mit personenbezogenen Daten werden stets in verschlossenen Schränken aufbewahrt.*

- *Schlüssel werden an nur Mitarbeiter gegen Quittung ausgegeben. Die Schlüsselvergabe ist in einem Schlüsselbuch vermerkt.*

- *Besucher werden stets begleitet.*

- *Der Eingangsbereich wird videoüberwacht.*

Zugangskontrolle

<Durch Maßnahmen zur Zugangskontrolle soll sicherge­stellt werden, dass Unbefugte DV-Systeme nicht nutzen können.>

- *Anmeldung am System mit Benutzername und Passwort.*

- *Jeder Benutzer hat ein eigenes Benutzerkonto.*

- *Mindestlänge des Passwortes: acht Zeichen.*

- *Das Passwort muss mindestens drei oder vier Merkmale, Zahlen, Sonderzeichen, Groß- und Kleinbuchstaben enthalten.*

- *Wechsel des Passwortes: alle 90 Tage.*

- *Automatische Sperrung des Bildschirmes durch passwortgeschützten Bildschirmschoner nach zehn Minuten Inaktivität.*

- *Festplatten und mobile Datenträger werden grundsätzlich verschlüsselt. <empfehlenswert bei Daten, die einem Landesschutzgesetz unterliegen, wird in einigen Landesdatenschutzgesetzen gefordert, bei Gesundheitsdaten oder Sozialdaten nach SGB ein Muss.>*

Zugriffskontrolle

<Maßnahmen zur Zugriffskontrolle sollen sicherstellen, dass angemeldete Benutzer nur die Funktionen und Daten nutzen, für die sie berechtigt sind.>

- *Abgestufte Berechtigungen entsprechend der Rolle im Unternehmen.*

- *Vergabe von Zugriffsrechten nur nach Genehmigung durch den Vorgesetzten.*

Weitergabekontrolle

<Maßnahmen zur Weitergabekontrolle sollen verhindern, dass Daten auf ihrem Transport mitgelesen, manipuliert oder gelöscht werden können, sowie, dass Daten von Dritten eingesehen werden können oder unbefugt an Dritte übermittelt werden.>

- *Verschlüsselte Festplatten.*

- *Mobile Datenträger wie USB-Sticks werden stets verschlüsselt.*

- *Versand von Dateianhängen per E-Mail nur als passwortgeschützte Zip-Datei.*

- *Zugriff auf Kundensysteme nur über VPN-Verbindung.*

- *Vernichtung vertraulicher Unterlagen mit einem Aktenvernichter der Stufe 3 nach DIN 66399.* <Hinweis: bei besonderen Arten personenbezogener Daten sollte der Aktenvernichter mindestens Sicherheitsstufe 4 nach DIN 66399 entsprechen.>

- *Unterlagen mit vertraulichen Daten werden vom Dienstleister persönlich beim Kunden abgeholt bzw. angeliefert.*

- *Entsorgung von Datenträgern durch einen zertifizierten Dienstleister gegen Entsorgungsnachweis.*

Eingabekontrolle

<Maßnahmen zur Eingabekontrolle dienen dazu, dass nachträglich festgestellt werden kann, ob und von wem personenbezogene Daten in DV-Systemen gespeichert, verändert oder entfernt wurden.>

- *Eingabedatum und Änderungsdaten werden manuell erfasst.*

- *Änderungen werden durch die Buchhaltungssoftware protokolliert.*

Auftragskontrolle

<Mit Hilfe der Auftragskontrolle soll erreicht werden, dass personenbezogene Daten, die im Rahmen einer ADV verarbeitet werden, auch nur entsprechend der Weisungen des Kunden verarbeitet werden können.>

- *Mit den Kunden und Dienstleistern werden Verträge gemäß § 11 BDSG geschlossen.*

- *Es findet eine regelmäßige Überprüfung der Dienstleister statt.*

Verfügbarkeitskontrolle

<Maßnahmen zur Verfügbarkeitskontrolle sollen personenbezogene vor Verlust oder zufälliger Zerstörung schützen.>

- *Es werden tägliche Datensicherungen durchgeführt.*

- *Die letzte Monatssicherung wird in einem Bankschließfach aufbewahrt.*

- *Eine Datensicherung liegt in verschlüsselter Form bei einem Anbieter von Speicherplatz auf Servern in Deutschland.*

- *Es ist eine USV im Einsatz.*

- *Im Gebäude befinden sich Rauchmelder.*

- *Der Serverraum ist klimatisiert.*

- *Im Serverraum befindet sich ein CO2-Feuerlöscher.*

Trennungsgebot

<Das Trennungsgebot soll sicherstellen, dass zu verschiedenen Zwecken erhobene Daten getrennt verarbeitet werden. Insbesondere Erbringer von Bürodienst-

leistungen müssen die Daten verschiedener Kunden getrennt verarbeiten.>

- *Die Daten verschiedener Kunden werden logisch getrennt gespeichert.*

- *Tests werden nur mit Testdaten in Testumgebungen durchgeführt.*

ADV mit eigenen Dienstleistern

Werden eigene Dienstleister für eine Datenverarbeitung im Auftrag eingesetzt, so müssen mit ihnen auch Verträge zur Auftragsdatenverarbeitung gemäß § 11 BDSG abgeschlossen werden.

Typische Fälle sind:

- Entsorgung größerer Mengen vertraulichen Schriftguts,

- Vernichtung von Datenträgern,

- Wartung der EDV-Anlagen sowie

- Erstellen von Drucksachen durch einen Dienstleister.

Es sollte darauf geachtet werden, dass der Vertrag mit den Dienstleistern, die Subunternehmer im Vertragsverhältnis zwischen Bürodienstleistern und ihren Kunden sind, mindestens die Anforderungen erfüllen, die Sie als Bürodienstleister mit Ihren Kunden vereinbart haben. Anderenfalls verstoßen Sie gegen die vertraglichen Vereinbarungen mit Ihren Kunden. Eine Besonderheit in der Vertragsgestaltung bilden Verträge zur Vernichtung von Altpapier und Datenverträge, da hier ja keine Wiederherstellung der Daten erfolgen soll. Die entsprechenden Passagen zur Wiederherstellung von Daten und zur Verfügbarkeitskontrollen müssen aus dem Vertrag entfernt werden. Außerdem sollte im Vertrag aufgenommen werden, dass die Daten mindestens nach Sicherheitsstufe 3 gemäß DIN 66399 vernichtet werden müssen. Für besondere Arten personenbezogener Daten ist mindestens Sicherheitsstufe 4 erforderlich, bei Gesundheitsdaten sogar Sicherheitsstufe 5.

Wenn Sie eigene Dienstleister einsetzen hat Ihr Kunde das Recht, auch Ihre Dienstleister zu überprüfen. Um vor Ort Prüfungen bei den eigenen Dienstleistern durch den Kunden zu vermeiden, sollten Sie Ihre Dienstleister regelmäßig überprüfen und diese Prüfung dokumentieren und Ihren Kunden Einsicht in die Prüfberichte anbieten.

Werbung

Typische Aufgaben, die gerne an Bürodienstleister übertragen werden, ist die Durchführung von Werbemaß-
nahmen wie Telefonakquise oder Versand von Werbe-
briefen oder E-Mail-Newslettern.

Verantwortlich für die Rechtmäßigkeit, der auf Weisung
durchgeführten Maßnahmen, ist immer der Kunde. Sie
haben aber trotzdem eine Beratungspflicht aus
§ 11 Abs. 3 BDSG; Sie müssen den Kunden darauf hinweisen, wenn Sie als Dienstleister der Meinung sind,
dass eine Weisung Ihres Kunden gegen die Regelungen
zum Datenschutz verstoßen.

Gerade im Bereich der Werbung gibt es häufig Verstöße
gegen den Datenschutz und die Regelungen des UWG.
Auch wenn der Bürodienstleister nur auf Weisung sei-
nes Kunden handelt, ist er bei Verstößen oft erster Ansprechpartner, bei dem Ärger abgeladen wird oder er
vielleicht sogar Behörden nachweisen muss, dass der
Verstoß nicht von ihm begangen wurde oder auf Weisung des Kunden erfolgt ist.

Was ist im Bereich Werbung zulässig?

Per Brief ist Werbung erlaubt, wenn die Anschrift aus
öffentlich zulässigen Verzeichnissen wie Telefonbuch
oder öffentlich zugänglichen Verzeichnissen entnom-
men wurde und der Betroffene nicht widersprochen
hat. Außerdem ist Briefwerbung zu beruflichen Zwe-

cken erlaubt, wenn diese an die berufliche Anschrift des Betroffenen adressiert ist.

Weiter ist Werbung zu Spendenzwecken erlaubt, wenn es sich um steuerbegünstigte Spenden gemäß § 10b Abs. 1 und § 34g ESt handelt. Für alle anderen Arten der Werbung ist vorab eine wirksame Einwilligung (d.h. schriftlich oder in elektronischer Form) notwendig.

Dabei gibt es noch zwei Erleichterungen:

1. Werbung per E-Mail ist erlaubt, wenn der Betroffene im Rahmen eines bestehenden Vertrages seine E-Mail-Adresse auf freiwilliger Basis angegeben hat und Werbung zu ähnlichen Produkten erfolgt. Der Bereich ähnliche Produkte wird daher sehr eng ausgelegt. Wenn ein Betroffener in einem Baumarkt Waren aus dem Sanitärbereich gekauft hat, dürfen in einer Werbemail auch nur Waren aus dem Sanitärbereich angeboten werden. Eine Werbung per E-Mail für Gartenartikel ist z. B. nicht zulässig.

2. Telefonwerbung bei Geschäftskunden ist auch ohne vorherige Einwilligung erlaubt. Widerspricht der Angerufene allerdings der Werbung per Telefon, muss der Anruf abgebrochen werden und Werbung per Telefon in Zukunft unterbleiben.

Wenn Ihr Kunde Sie mit der Durchführung von Werbung beauftragt und Sie wegen negativer Rückmeldung der angesprochenen Betroffenen nicht sicher sind, ob alle erforderlichen Einwilligungen vorliegen, lassen Sie sich Stichproben (5% bis zu 10%) der Einwilligungen vorlegen.

Dabei entschieden Sie, welche Einwilligungen Sie sehen möchten. Bei Beschwerden sollten Sie sich die Einwilligungen der Betroffenen vorlegen lassen, die sich beschweren. Falls Sie im Rahmen Ihrer Werbeaktionen für den Kunden von Betroffenen die Rückmeldung erhalten, dass der Betroffene zukünftig keine Werbung mehr erhalten möchte, sollten Sie den Werbewiderspruch notieren und an Ihren Kunden weitergeben. Als Ergebnis sollten Sie kurzfristig einen aktualisierten Werbeverteiler von Ihrem Kunden erhalten, aus dem der widersprechende Betroffene entfernt wurde. Alternativ könnte Ihnen ihr Kunde die Weisung erteilen, den Betroffenen nicht mehr zu bewerben.

Erfolgt keine entsprechende Weisung bis zur nächsten Werbeaktion, sollten Sie den Kunden darauf hinweisen, dass Sie der Meinung sind, seine Weisung verstoße gegen die Datenschutzgesetzgebung, da Werbung trotz Werbewiderspruch ein Verstoß gegen das UWG und gegen das BDSG ist. Sie sollten den Betroffenen nicht bewerben, solange Sie nach Ihrem Hinweis keine anderslautende Weisung erhalten.

Wenn Sie Einwilligungen von Betroffenen für Ihren Kunden generieren, sollten Sie darauf achten, dass bei der Dokumentation der Einwilligungen immer der Weg, auf dem die Einwilligung generiert wurde sowie Datum und bei der elektronischen Einwilligung auch die Uhrzeit dokumentiert wird. Wenn die Einwilligung anders, als in der im BDSG vorgesehenen Form (schriftlich gemäß § 4a BDSG oder elektronisch gemäß § 28 BDSG) eingeholt wird, muss der Kunde noch einmal schriftlich über die von Ihnen erteilte Einwilligung informiert werden. D. h., wenn Sie von einem Betroffenen eine Werbeeinwilligung am Telefon erhalten, müssen Sie (bzw. ihr Kunde) einen Brief (E-Mail ist keine Schriftform) schreiben, in dem Sie ihm das Datum der Einwilligung sowie eine Zusammenfassung der abgegebenen Einwilligung geben.

Dabei müssen insbesondere folgende Angaben erhalten sein:

- Verantwortliche Stelle, der die Einwilligung erteilt wurde.

- Datum, an dem die Einwilligung erteilt wurde.

- Produkte bzw. Dienstleistungen, auf die sich die Einwilligung bezieht.

- Kommunikationskanal auf den sich die Einwilligung bezieht (z. B. E-Mail, Fax, SMS, Telefon), dabei muss jeder Kommunikationskanal explizit benannt werden.

- Hinweis darauf, dass die Einwilligung jederzeit mit Wirkung für die Zukunft widerrufen werden kann. Es muss auch angegeben werden, wie die Einwilligung widerrufen werden kann.

Dabei dürfen dem Betroffenen, außer normalen Entgelten für die Kommunikation keine Kosten entstehen, d. h. die Forderung nach einem Widerspruch per Einschreiben oder die Angabe einer kostenpflichtigen Telefonnummer (0180, 0900,...) ist nicht zulässig.

Gehört die Erstellung von Werbeanschreiben oder Newslettern auch zu Ihren Aufgaben, sollten Sie darauf achten, dass die verantwortliche Stelle angegeben wird, so wie der Hinweis enthalten ist, dass der Werbung jederzeit mit Wirkung für die Zukunft widersprochen werden kann. Bei Newslettern hat sich darüber hinaus ein Abmeldelink in der E-Mail bewährt.

Technische und organisatorische Maßnahmen

Der Gesetzgeber fordert, dass bei der Datenverarbeitung dem Schutzzweck der Daten angemessene technische und organisatorische Maßnahmen getroffen werden.

Die Verwaltungsdaten von Bürodienstleistern sind in der Regel nicht kritisch, normaler Schutzbedarf ist hier ausreichend.

Aus den Daten, die Sie für Ihre Kunden verarbeiten, kann sich unter Umständen ein höherer Schutzbedarf ergeben. Um jederzeit genau zu wissen, welche Daten Sie eigentlich auf Ihren Systemen verarbeiten, sollten Sie großen Wert darauf legen, dass die von Ihnen verarbeiteten Daten in den ADV-Verträgen genau spezifiziert werden.

Welche Daten verarbeiten Sie für Ihre Kunden?

Wenn es

- Bankdaten,

- Daten, die einem Berufsgeheimnis nach § 203 StGB unterliegen (Ärzte, Steuerberater, Anwälte, Heilberufe, bestimmte Beratungsstellen),

- besondere Arten nach § 3 Abs. 9 BDSG (z. B. Gesundheitsdaten) oder

- Sozialdaten (Krankenkassen, Rentenversicherung, ...)

sind, haben sie regelmäßig einen höheren Schutzbedarf.

Besonderes Augenvermerk sollten Sie auf den Speicherort der Daten legen. Optimal ist es, wenn die Daten auf Ihren eigenen Servern innerhalb Ihres Büros liegen und auch die Datensicherung in eigenen Räumen (selbstverständlich in einem anderen Brandabschnitt als der Server) aufbewahrt wird.

Kritisch sollten Sie bei der Datenspeicherung in der Cloud sein. Wenn Sie Dienstleistern mit Sitz in den USA oder wenn sich mehr als 50% des Unternehmens in amerikanischen Besitz finden, greift regelmäßig die amerikanische Gesetzgebung wie z. B: der Patriots Act. D. h. Sie können davon ausgehen, dass Ihre Daten und die Daten Ihrer Kunden in die USA übermittelt werden. Das bedeutet für Sie als Dienstleister, dass Sie alle Betroffenen über die Datenübermittlung ins Ausland informieren müssen und vor der erstmaligen Übermittlung die Einwilligung des Betroffenen eingeholt werden muss.

Für die Daten, die Sie als verantwortliche Stelle verarbeiten, erhalten Sie unter Umständen noch die Einwilligung der Betroffenen.

Wenn Sie Ihren ADV-Kunden allerdings erklären, dass Sie deren Daten im Ausland speichern und Ihr Kunde die Einwilligung in die Datenspeicherung im Ausland von allen Betroffenen, deren Daten bei Ihnen verarbeitet werden, erhalten muss, ist dies mit hoher Wahrscheinlichkeit ein K.o.- Kriterium für Sie als Dienstleister.

Zu den kritischen Cloud Diensten gehört zum Zeitpunkt der Veröffentlichung dieses Werkes auch die Nutzung von Office 365. Ein weiteres wichtiges Kriterium ist die Wahl Ihres E-Mail Providers. Kostenlose E-Mail-Dienste sparen zwar scheinbar Geld, doch es wirkt unprofessionell wenn ein gewerblicher Anbieter eine E-Mail Adresse @t-online.de, @web.de, @gmx.de oder schlimmer noch @hotmail.com bzw. @gmail.com verwendet.

Bei Nutzung von E-Mails über ausländische Dienstleister wie @hotmail.com, @gmail.com oder auch @yahoo.com liegt datenschutzrechtlich wieder eine Übermittlung ins Ausland vor. Hinzu kommt, dass einige dieser Dienstleister sich vorbehalten, alle bei ihnen gespeicherten Daten für eigene Geschäftszwecke zu nutzen. Übersetzt heißt das: Der E-Mail Anbieter scannt alle Ihre E-Mails auf für sein Geschäft nützliche Inhalte.

Nach den Erfahrungen der Autorin ist eine Domain, die bei einem deutschen Provider, z. B. Strato.de, 1und1.de oder einen anderen Provider mit Servern in Deutschland gehostet wird, sowie eine E-Mail-Adresse der Art ...@<meine Firmendomain> eine gute Wahl und ein Hinweis darauf, dass es sich um ein wirklich ernst zu nehmendes Unternehmen und keine „Ich-mach-das-mal-so-nebenbei"-Klitsche handelt.

Jetzt zu den technischen und organisatorischen Maßnahmen gemäß Anlage zu § 9 BDSG im Einzelnen.

Einen guten Überblick erhalten Sie in dem in der Einleitung genannten Ratgeber „Chefsache Datenschutz". Die dort beschriebenen Maßnahmen sollten hier nicht nochmals aufgezählt werden.

Relevant für Bürodienstleister sind insbesondere folgende Aspekte:

Zutrittskontrolle

Wie sind Ihre Räume abgesichert, insbesondere dann, wenn Sie Daten mit hohem Schutzbedarf bearbeiten?

- Diebstahlsicherung von Geräten und Datenträgern.

- Verschlüsselte Datenträger.

- Räume bei Abwesenheit immer verschlossen, insbesondere dann, wenn sie in Teil einer Privatwohnung mit mehreren Bewohnern sind.

- Aufgeräumter Schreibtisch bei Kundenkontakt, damit Ihre Kunden bei einem Besuch in Ihren Räumlichkeiten nicht die Daten anderer Kunden einsehen können.

Zugangskontrolle / Zugriffskontrolle

Lassen Sie die Kunden auf Ihre Systeme zugreifen?

- Falls ja: → stellen Sie sicher, dass Ihre Kunden sich mit Benutzername und Passwort authentifizieren und dass das Passwort eine hinreichende Qualität hat (mindestens acht Zeichen, Buchstaben, Zahlen und Sonderzeichen, keine Trivialpassworte).

- Stellen Sie sicher, dass ein Kunde nicht auf die Daten anderer Kunden zugreifen kann.

Beschäftigen Sie Mitarbeiter, die nur die Daten bestimmter Kunden bearbeiten?

- Stellen Sie sicher, dass Ihre Mitarbeiter nur Zugriff auf die Daten des Kunden, die sie bearbeiten und nicht auf die Daten anderer Kunden zugreifen können.

- Entscheiden Sie zusätzlich, welche Mitarbeiter auf die Verwaltungsdaten Ihres Unternehmens zugreifen dürfen und setzen Sie entsprechende Berechtigungen, insbesondere bei der Verwaltung von Mitarbeiter-/Personaldaten.

Greifen Sie auf die Systeme Ihrer Kunden zu?

- Verwenden Sie gute Passworte (mindestens acht Zeichen, Zahlen, Groß- und Kleinschreibung, Sonderzeichen).

- Verwenden Sie für das Kundensystem ein anderes Passwort als für die eigene Verwaltung und verwenden Sie für jedes Kundensystem ein eigenes Passwort.

- Geben Sie Ihr Passwort nicht weiter, auch nicht an Mitarbeiter Ihrer Kunden.

Weitergabekontrolle

Maßnahmen zur Weitergabekontrolle hängen stark vom Schutzbedarf der Daten ab.

Eine Verschlüsselung auf der Festplatte und mobiler Datenträger ist immer empfehlenswert, bei Daten mit höherem Schutzbedarf (Daten nach § 3 Abs. 9 BDSG, Sozialdaten, Daten von Berufsgeheimnisträgern) ein Muss. Dabei sollten die Medien für die Datensicherung immer einbezogen werden, ebenso Daten, die in der Cloud, d. h. auf Systemen externer Dienstleister gespeichert werden.

Der Austausch der Daten mit Ihrem Kunden sollte immer verschlüsselt erfolgen. Wenn Ihr Kunde eine unverschlüsselte Übertragung wünscht, lassen Sie es sich von ihm per schriftlicher Weisung bestätigen.

Fordert der Kunde eine unverschlüsselte Übertragung bei besonderen Arten personenbezogener Daten gemäß § 3 Abs. 9 BDSG, Sozialdaten oder Daten, die einem Berufsgeheimnis unterliegen, sollten Sie in zu Ihrer eigenen Absicherung schriftlich oder per E-Mail darauf hinweisen, dass Sie der Meinung sind, diese Weisung verstoße gegen die Datenschutzgesetzgebung, und den Schriftverkehr speichern.

Papier sollten Sie in einem Aktenvernichter, der mindestens Sicherheitsstufe 3 nach DIN 66399 hat, entsorgen. Bei Daten mit höherem Schutzbedarf sollte Ihr Aktenvernichter eine höhere Sicherheitsstufe haben oder Sie sollten einen Dienstleister zur Aktenvernichtung beauftragen, der Ihnen bei der Vernichtung eine höhere Schutzstufe garantiert. Gleiches gilt für die Vernichtung von Datenträgern.

Eingabekontrolle

Sie sollten jederzeit nachvollziehen können, warum Sie welche Daten wann geändert haben. Sofern Sie Mitarbeiter beschäftigen, sollten Sie darüber hinaus nachvollziehen können, welcher Mitarbeiter die Daten geändert hat.

Auftragskontrolle

Im Bezug auf die Aufträge, bei denen Sie Dienstleister sind, sollten Sie dokumentieren, auf welche Art Sie die mit Ihrem Kunden vereinbarten Regelungen einhalten. Wenn Sie Mitarbeiter beschäftigen, sollten Sie dokumentieren, auf welche Art Sie überwachen, dass die von Ihnen eingesetzten Mitarbeiter die vertraglich vereinbarten Regelungen einhalten.

Wenn Sie Subunternehmer bei der Auftragsdatenverarbeitung einsetzen, sollten Sie diese regelmäßig – zumindest einmal jährlich – überprüfen und die Prüfung dokumentieren. Achten Sie darauf, dass der Prüfbericht geeignet ist, auch an Dritte – sprich Ihre Kunden – weitergegeben zu werden.

Wenn sie erhebliche Mängel bei Ihren Dienstleistern feststellen, sollte der Prüfbericht mit Ihren Dienstleistern vereinbarte Termine zur Mängelbehebung enthalten.

Die Behebung der Mängel sollten Sie spätestens nach einem Jahr bei einer Wiederholungsprüfung überprüfen. Haben Sie bei der Prüfung Ihres Auftragnehmers schwerwiegende Mängel entdeckt, sollte die Frist zur Mängelbehebung deutlich kürzer sein und die Überprüfung zeitnah erfolgen.

Wenn schwerwiegende Mängel nicht behoben werden, sollten Sie spätestens nach Verstreichen gesetzter Nachfristen überlegen, ob Sie sich von dem Dienstleister trennen, denn Sie sind als Auftraggeber für die Datenschutzpannen, die sich aus diesen Mängeln ergeben können verantwortlich.

Findige Köpfe mögen vielleicht argumentieren: „Dann überprüfe ich meine Dienstleister nicht, sehe die Mängel nicht und bin fein raus."

Klingt gut – aber da gibt es einige Fallstriche:

Der Auftragnehmer ist gesetzlich verpflichtet, die technischen und organisatorischen Maßnahmen beim Auftragnehmer vor Beginn der Verarbeitung zu überprüfen und dies zu dokumentieren. Wenn Sie nun die Prüfung nicht durchführen, droht Ihnen ein Bußgeld von bis zu 50.000 €.

„Oh", sagen Sie sich. „Dann habe ich eben eine Prüfung durchgeführt und nichts gefunden."

Nun gut, niemand kann von Ihnen verlangen, dass Sie Spezialist für IT-Sicherheit sind und alles auf Bit- und Byte-Ebene überprüfen können. Sie müssen sich nur davon überzeugen, dass der Dienstleister die vereinbarte Maßnahme umsetzt.

Wenn Sie unsicher sind, dürfen Sie aber auch jederzeit einen fachkundigen Dritten zu Prüfung hinzuziehen. Diese Klausel haben wir in diesem Buch vorgeschlagenen ADV-Vertrag mit mit unseren Dienstleister vereinbart.

Na gut, es kann sie niemand dazu zwingen, das Geld für einen solchen Berater auszugeben. Wenn es aber zu einer Datenschutzpanne wegen eines schwerwiegenden Mangels, den Sie bei der Erstprüfung hätten erkennen können, kommt, müssen Sie sich schon vom Kunden und den Aufsichtsbehörden fragen lassen, ob und in welcher Weise Sie die Prüfung durchgeführt haben.

Bedenken Sie außerdem, dass Ihr Kunde das Recht hat, auch bei Ihren Subunternehmern vor Ort Prüfungen durchzuführen. Ganz peinlich ist es dann, wenn Ihr Kunde bei einem von Ihnen eingesetzten Subunternehmen schwerwiegende Mängel feststellt. Damit verlieren Sie Ihre Glaubwürdigkeit und Ihre Zuverlässigkeit wird in Frage gestellt.

Verfügbarkeitskontrolle

Es muss sichergestellt werden, dass die Daten dann verfügbar sind, wenn sie benötigt werden. Klingt recht einfach, ist es eigentlich auch.

Kern der Verfügbarkeitskontrolle ist eine gut funktionierende Datensicherung. Aber auch hier lauern Fallstriche:

Sie können nicht davon ausgehen, dass in Ihre bestehende Hard- oder Software Umgebung zurück gesichert wird. Gehen Sie beim Konzept Ihrer Datensicherung vom schlimmsten Fall aus:

Ihre gesamte Hardware ist unbrauchbar und die Versionen der eingesetzten Programme gibt es nicht mehr.

Ein Beispiel:

Sie hatten noch einen alten, stabilen PC mit Windows XP im Einsatz. Wenn Sie aktuell PC und Betriebssystem neu beschaffen müssen, bekommen Sie mit hoher Wahrscheinlichkeit Windows 8 als Betriebssystem, mit viel Glück und zusätzlichen Kosten vielleicht auch noch eine Windows 7 Version.

Sind Sie sicher, dass Sie alle Daten aus der Datensicherung wiederherstellen können?

Wenn Sie ein Bandlaufwerk oder eine Datensicherungssoftware eingesetzt haben: Kennen Sie die Parameter, mit denen gesichert wurde, damit Sie die passenden Parameter für die Rücksicherung nutzen können?

Und dann noch die ganz ketzerische Frage, an der schon viele gescheitert sind:

Funktioniert Ihre Datensicherung, so dass Sie im Notfall alle Daten für eine Rücksicherung zur Verfügung haben? Klingt trivial, aber die Autorin hat schon häufig verzweifelte Unternehmer erlebt, die im Notfall feststellen mussten, dass die Datensicherung leere Bänder geschrieben hat oder aber auf Grund von nicht erkannten Hardwaredefekten auf der eigentlichen Hardware defekte Daten in die Datensicherung geschrieben wurde, so dass eine Rücksicherung der Daten nicht oder nur mit erheblichem Zusatzaufwand möglich war.

Und danach immer wieder die kritische Frage Ihres Kunden: „Wo wird die Datensicherung gelagert?"

Sie sollte schon in einem anderen Brandabschnitt als Ihre Unternehmens-EDV gelagert werden, sonst ist sie im Notfall meist zusammen mit Ihrer Unternehmens-EDV untergegangen. Steht der Serverraum unter

Wasser oder brennt ab, dann ist die Datensicherung auch verloren, wenn sie im selben Raum gelagert wird. Eine Auslagerung der Datensicherung auf dem Speicherplatz eines externen Dienstleisters ist eine verlockende und zum Teil auch akzeptable Lösung. Aber Vorsicht! Wo werden die Daten tatsächlich physikalisch gespeichert? Wenn die Daten im Ausland oder bei einem ausländischen Unternehmen mit Sitz in Deutschland und zusätzlichem Backupserver im Ausland gespeichert werden, sind sie unter Umständen schnell im Bereich von einwilligungspflichtigen Datenübermittlungen ins Ausland, insbesondere dann, wenn Unternehmen aus den USA involviert sind.

Stellen Sie bei Nutzung von externen Ressourcen für die Datensicherung sicher, dass Unbefugte Ihre Daten nicht einsehen können. Verschlüsselung ist dabei immer eine gute Option.

Bei Daten mit hohem Schutzbedarf wie z. B. Daten nach § 3 Abs. 9 BDSG, Sozialdaten oder Daten die einem Berufsgeheimnis unterliegen, sollten die Datensicherungen verschlüsselt werden. Außerdem ist hier zu beachten, dass durch eine Lagerung außerhalb der eigenen Büroräume das Beschlagnahmeverbot aufgehoben werden kann.

Klären Sie, wie lange Ihre EDV maximal ausfallen darf, um die vertraglich vereinbarten Anforderungen Ihrer Kunden zu erfüllen. Vergleichen Sie dies mit der Zeit, die Sie ggf. benötigen, um neue Hardwarekomponenten zu beschaffen und die Systeme neu aufzusetzen. Eine unterbrechungsfreie Stromversorgung (USV) hilft kleinere Stromschwankungen zu überbrücken.

Es gab schon Fälle, an denen Unternehmensserver in kleineren Städten regelmäßig abstürzten, wenn morgens im Unternehmen alle Kaffeemaschinen innerhalb eines kurzen Zeitfensters eingeschaltet wurden oder mittags in zahlreichen Haushalten die Herde eingeschaltet wurden um das Mittagessen pünktlich auf den Tisch zu bringen. Bei längeren Ausfällen stellt die USV sicher, dass der Server noch normal heruntergefahren wird und nicht mangels Strom abrupt gestoppt wird, was inkonsistente Systeme und Datenverluste zur Folge haben kann.

Außerdem sollte auf einen Überspannungsschutz geachtet werden, damit Gewitter oder Ähnliches keine Defekte an der Hardware oder Datenverluste verursachen.

Auch die Lage des Serverraumes ist ein wesentliches Kriterium für die Verfügbarkeit Ihrer Systeme. Ein feuchter Kellerraum ist nicht geeignet, insbesondere dann nicht, wenn durch starke Regenfälle oder Überschwemmungen die Gefahr besteht, dass das Wasser mehrere Zentimeter hoch im Serverraum steht. Auch Heizungsrohre und andere wasserführende Leitungen im oder über dem Serverraum können bei einem Bruch zu unerwünschten Überschwemmungen und daraus resultierenden Defekten des Servers führen.

Der Serverraum muss so gut klimatisiert sein, dass Ausfälle des Servers oder Schäden am Server vermieden werden. Konstant zu hohe Temperaturen verringern darüber hinaus die Lebenszeit der Hardware sowie die Lebensdauer und Stützzeit der USV (= mögliche Zeit in der Systeme durch die Batterie gepuffert werden und die zum geordneten Herunterfahren der Systeme zur Verfügung steht).

Wie lange können Sie ohne Internet auskommen? Wenn Sie in einem Gebiet leben, in dem es häufiger längere Unterbrechungen der Verfügbarkeit gibt oder durch Bauarbeiten in der näheren Umgebung die Gefahr besteht, dass durch versehentliches Kappen des Kabels Ausfälle verursacht werden könnten, sollten Sie möglicherweise als Rückfalllösung einen mobilen Internetzugang per Funk über USB Stick beschaffen.

Ein Handy mit einem voll geladenen Akku ist eine gute Alternative zu einer wegen Internetstörungen, Stromausfall oder irgendwelcher EDV-Probleme ausgefallenen Voice-over-IP Telefonie oder wegen Stromausfall nicht funktionierendem Festnetztelefon.

Auch Diebstahlsicherung der EDV-Systeme z.B. durch Aufstellen der Server in einem fensterlosen Raum oder in einem schwer aufzubrechendem Raum mit vergittertem Fenster erhöhen die Verfügbarkeit Ihrer Systeme.

Trennungsgebot

Es muss sichergestellt werden, dass zu verschiedenen Zwecken erhobene Daten auch getrennt verarbeitet werden. So ist sicherzustellen, dass Test- und Produktivsysteme klar voneinander getrennt werden. Testdaten sollen grundsätzlich nicht mit Echtdaten, sondern mit eigens für die Tests generierten Testdaten erfolgen.

Außerdem müssen Test- und Produktivdaten klar voneinander getrennt werden. Vor allem darf keine Vermischung der Daten verschiedener Kunden erfolgen.

Trennen Sie die Daten durch scharf voneinander abgegrenzte Verzeichnisstrukturen. Vorsicht ist geboten, wenn eine Kunde im ADV-Vertrag eine strikte Trennung seiner Daten von denen anderer Kunden fordert. In diesem Fall müssen Sie vor Unterzeichnung des Vertrages klären und dokumentieren, ob eine logische Trennung (verschiedene Ordner pro Kunde) ausreichend ist, oder ob eine physikalische Trennung gefordert wird. Bei einer physikalischen Trennung müssen Sie für diesen Kunden eine gesonderte Hardware-Umgebung zur Verfügung stellen, die durch die Firewall komplett von anderen Systemen abgeschottet ist.

Weitere organisatorische Maßnahmen sollten Sie in Richtlinien für Ihre Mitarbeiter festlegen, z.B. die Regelung ob Privatnutzung von Internet und E-Mail erlaubt ist, sowie das Verbot des Einsatzes privater Hardware für dienstliche Zwecke.

Außerdem sollten Sie Regelungen über den Umgang mit sozialen Netzwerken treffen.

In einer IT-Richtlinie sollten grundlegende Regelungen zur Nutzung von Passworten, Umgang mit Internet und E-Mail, Verhalten beim Auftreten von Schadsoftware geregelt werden.

Ein wichtiges Thema ist auch die Entsorgung von Papier und Datenträgern. Papier mit personenbezogenen Daten oder Betriebs- und Geschäftsgeheimnissen gehört nicht ins Altpapier, sondern muss datenschutzgerecht entsorgt werden.

Verfahrensverzeichnis

Jedes Unternehmen ist nach dem BDSG verpflichtet Verfahrensübersichten zu erstellen. Die erforderlichen Angaben sind in § 4e BDSG definiert. Als Dienstleister bei einer Auftragsdatenverarbeitung müssen Sie bei den Verfahren folgende Unterscheidungen treffen:

- Verfahren, mit denen Sie Ihre eigenen Daten verarbeiten, d.h. Verfahren, bei denen Sie verantwortliche Stelle für die Datenverarbeitung sind.

  Hier müssen Sie alle vom Gesetzgeber geforderten Angaben in das Verfahrensverzeichnis aufnehmen.

- Verfahren, die Sie im Auftrag Ihrer Kunden betreiben. Bei diesen Daten ist Ihr Kunde verantwortliche Stelle und damit verantwortlich für die Einhaltung der Gesetze und Verordnungen zum Datenschutz.

  Sofern es im ADV-Vertrag vereinbart wurde, sind Sie dafür zuständig, Informationen zu den Verfahren, die auf Ihrem System betrieben werden, an den Kunden zu liefern, d.h. ihm bei der Erstellung der Verfahrensübersichten, die in seinem Verantwortungsbereich liegen, zuzuarbeiten.

Schauen wir uns einmal die Pflichtangaben eines Verfahrensverzeichnisses an. An welchen Stellen können und müssen Sie zuliefern?

1. Name oder Firma der verantwortlichen Stelle.

2. Inhaber, Vorstände, Geschäftsführer oder sonstige gesetzliche oder nach der Verfassung des Unternehmens berufene Leiter und die mit der Leitung der Datenverarbeitung beauftragten Personen.

3. Anschrift der verantwortlichen Stelle.

Diese Aufgaben sollten Sie Ihrem Kunden überlassen, denn er muss wissen, wie er heißt oder wo er wohnt. Allerdings kann es im Zweifelsfall nicht schaden, diese Angaben mit den Angaben in Ihrem ADV-Vertrag zu vergleichen.

4. Zweckbestimmung der Datenerhebung, -verarbeitung und -nutzung.

Hier muss der Kunde angeben, auf Basis welcher Rechtsgrundlage er die Daten erhebt, verarbeitet oder nutzt.

Weitere Angaben im Verfahrensverzeichnis unter 5. bis 8. sind auch Informationen, die Ihr Kunde liefern muss. Ich empfehle allerdings, diese Angaben auf Basis der Vereinbarungen im ADV-Vertrag auszufüllen, um zu überprüfen, ob die Angaben im ADV-Vertrag auch mit den tatsächlich zur Verarbeitung übergebenen Daten übereinstimmen.

5. Eine Beschreibung der betroffenen Personengruppen und der diesbezüglichen Daten oder Datenkategorien.

Hier müssen die im ADV-Vertrag vereinbarten Personengruppen und Datenkategorien aufgelistet werden.

6. Empfänger oder Kategorien von Empfängern, denen die Daten mitgeteilt werden können.

Wenn Weisungen existieren, nach denen Sie die Daten an Dritte übermitteln sollen, können Sie diese Informationen schon einmal als Entwurf eintragen. Anderenfalls muss Ihr Kunde diese Angaben komplett erfassen.

7. Regelfristen für die Löschung der Daten.

Bei langlaufenden ADV-Verträgen können die Löschfristen der Daten bei Kunde und Dienstleister gleich sein. In der Regel sind die Löschfristen beim Kunden allerdings deutlich länger als beim Dienstleister, da der Dienstleister ja gemäß vertraglicher Vereinbarung normalerweise die bei sich gespeicherten Daten nach Beendigung des Vertrages löschen muss. Interessant sind für den Dienstleister die Löschfristen für Protokolldateien nach § 31 BDSG. Diese Dateien dürfen nur zur Überwachung des ordnungsgemäßen Betriebes der Datenverarbeitung, zur Fehlersuche und zur Überprüfung von Eingaben bei Verdacht auf Unregelmäßigkeiten ausgewertet werden. Für diese Dateien gilt eine strenge

Zweckbindung und das Prinzip der Datenvermeidung und Datensparsamkeit nach § 3a BDSG. Diese Daten sollten in der Regel spätestens nach drei, allerhöchstens nach sechs Monaten gelöscht werden. Allerdings unterliegen auch diese den Weisungen des Kunden. Wenn der Kunde in Bezug auf Protokolldateien, die seine Daten betreffen, längere Löschfristen fordert, müssen Sie entsprechend der Weisungen Ihrer Kunden handeln.

8. Eine geplante Übermittlung der Daten an Drittstaaten.

Diese Informationen liegen Ihnen auch nur dann vor, wenn der Kunde Ihnen Weisungen zur Datenübermittlung in Drittstaaten erteilt.

9. Eine allgemeine Beschreibung, die es ermöglicht, vorläufig zu beurteilen, ob Maßnahmen nach § 9 BDSG zur Gewährleistung der Sicherheit der Verarbeitung angemessen sind.

Für diesen Punkt benötigt der Kunde Ihre Unterstützung, denn hier müssen Sie die bei sich getroffenen technischen und organisatorischen Maßnahmen zum Schutz seiner von Ihnen verarbeiteten Daten beschreiben, die auch im ADV-Vertrag vereinbart wurden.

Die Beschreibung sollte folgende Punkte enthalten:

A. Eingesetzte Hardware

B. Eingesetzte Software

C. zugriffsberechtigte Personen

D. Maßnahmen zur Zutrittskontrolle

E. Maßnahmen zur Zugangskontrolle

F. Maßnahmen zur Zugriffskontrolle

G. Maßnahmen zur Weitergabekontrolle

H. Maßnahmen zur Eingabekontrolle

I. Maßnahmen zur Auftragskontrolle

J. Maßnahmen zur Verfügbarkeitskontrolle

K. Maßnahmen zum Trennungsgebot

Ein Beispiel für Abschnitt 9 des Verfahrensverzeichnisses einer ADV:

A. Eingesetzte Hardware:

- *1 PC als Server*

- *Desktop als Client innerhalb der Büroräume des Dienstleisters*

B. eingesetzte Software

- *Windows Server 2008*

- *Windows 7 Client*

- *MS Word und MS Excel*

- *Abrechnungssoftware XYZ*

C. zugriffsberechtigte Personen

Schreibberechtigungen haben die Mitarbeiter des Dienstleisters, die für den Auftrag eingesetzt sind.

D. Maßnahmen zur Zutrittskontrolle

- *Verschlossene Türen, Schlüssel hat nur die Geschäftsleitung.*

- *Alarmanlage mit Aufschaltung beim Wachdienst außerhalb der Öffnungszeiten.*

- *Der Server befindet sich in einem stets verschlossenen Serverraum ohne Fenster.*

- *Besucher werden stets begleitet.*

E. Maßnahmen zur Zugangskontrolle

Zugang auf die Systeme ist nur mit Benutzername und Passwort möglich. Das Passwort muss mindestens acht Zeichen lang sein und aus Ziffern, Sonderzeichen und Buchstaben bestehen, wobei in Groß- und Kleinschreibung unterschieden wird.

Die Passwortqualität wird technisch überprüft. Alle 90 Tage muss das Passwort gewechselt werden. Der Wechsel wird technisch erzwungen.

F. Maßnahmen zur Zugriffskontrolle

Zugriffsberechtigt sind nur die Mitarbeiter, die mit der Durchführung des Auftrages betraut sind.

G. Maßnahmen zur Weitergabekontrolle

- *Einsatz von Virenscanner und Firewall, die regelmäßig aktualisiert werden. Übertragung von Daten zwischen Kunde und Auftragnehmer nur mit passwortgeschützten ZIP-Dateien.*

- *Papier wird in einem Aktenvernichter der Stufe 4 nach DIN 66399 zerkleinert.*

- *Festplatten sind verschlüsselt.*

- Entsorgung von Datenträgern über einen zertifizierten Dienstleister mit Entsorgungsnachweis.

H. Maßnahmen zur Eingabekontrolle

Sachbearbeiter, Eingabedatum und Änderungsdatum werden von der Software automatisch ermittelt und gespeichert.

I. Maßnahmen zur Auftragskontrolle

Mit Kunden und Dienstleistern werden Aufträge nach § 11 BDSG geschlossen. Dabei wird der eigene Standardvertrag verwendet. Es findet eine regelmäßige Überprüfung der Dienstleister statt.

J. Maßnahmen zur Verfügbarkeitskontrolle

- Die Daten werden täglich gesichert, freitags erfolgt eine Vollsicherung, an allen anderen Tagen eine inkrementelle Sicherung. Die Bänder werden im Safe in der Privatwohnung der Inhaberin aufbewahrt.

- Der Serverraum verfügt über eine Klimaanlage.

- Im Serverraum und allen Büroräumen sind Rauchmelder installiert. Im Serverraum befindet sich ein CO_2-Feuerlöscher.

- *Der Server ist durch eine USV abgesichert.*

K. Maßnahmen zum Trennungsgebot

Innerhalb de Abrechnungssoftware ist eine Mandanten-trennung (logische Trennung) implementiert.

Für die von Ihnen selbst betriebenen Verfahren, in denen Sie ihre eigenen Dateien verwalten, müssen Sie auch Verfahrensübersichten erstellen. Typische Verfahren, die in jedem Unternehmen betrieben werden sind:

- Personalverwaltung und Abrechnung

- Adressdatenbank

- Abrechnungsverfahren

Nehmen wir einmal an, das Sie im obigen Beispiel beschriebene Abrechnungssysteme auch zur Durchführung Ihrer eigenen Abrechnungen verwenden. Ihr eigenes Verfahrensverzeichnis würde dann folgendermaßen aussehen:

Verfahrensverzeichnis Abrechnungssoftware

1. Name oder Firma der verantwortlichen Stelle

Sabine Gründlich
Bürodienstleistungen

2. Inhaber, Vorstände, Geschäftsführer oder sonstige gesetzliche oder nach der Verfassung des Unternehmens berufene Leiter und die mit der Leitung der Datenverarbeitung beauftragten Personen.

Inhaberin: Sabine Gründlich

3. Anschrift der verantwortlichen Stelle

Hauptstr. 32
25832 Tönning

4. Zweckbestimmung der Datenerhebung, -verarbeitung und -nutzung

Verwaltung und Abrechnung von Kundenaufträgen.

5. Eine Beschreibung der betroffenen Personengruppen und der diesbezüglichen Daten oder Datenkategorien

Personengruppen:

- *Kunden und Ansprechpartner beim Kunden*

- *Mitarbeiter, die für den Kunden tätig sind*

Datenkategorien:

- *Name und Anschrift*

- *E-Mail, Telefon, Telefax*

- *Ansprechpartner*

- *Datum der Auftragserteilung*

- *vereinbarter Stundensatz bzw. Monatspauschale*

- *Kalendermonat*

- *Geleistete Stunden im Kalendermonat*

- *durchführender Mitarbeiter*

- *Art der Tätigkeit*

- *Rechnungsdatum, Rechnungsnummer, Zahlungsziel, Fälligkeitsdatum*

- *Rechnungsbetrag brutto, netto*

- *darin enthaltene Umsatzsteuer*

- *Kennzeichen Rechnung bezahlt*

- *Mahnstufe*

6. Empfänger oder Kategorien von Empfängern, denen die Daten mitgeteilt werden können.

Nach erfolgloser Mahnung werden Rechnungsdaten an einen Anwalt oder ein Inkassobüro übermittelt.

7. Regelfristen für die Löschung der Daten.

Zehn Jahre nach Ablauf des Kalenderjahres der letzten Rechnungsstellung bzw. des letzten Zahlungseinganges, falls dieser in einem anderen Kalenderjahr als die Rechnungsstellung erfolgte.

8. geplante Übermittlung der Daten an Drittstaaten

Eine Übermittlung in Drittstaaten erfolgt nicht oder ist nicht geplant.

9. technische und organisatorische Maßnahmen

A. Eingesetzte Hardware

- *Als Clients und als Server werden PCs mit 16 GB RAM und 500 GB Festplatte eingesetzt.*

- *Zwei Laserdrucker werden als Netzdrucker betrieben.*

B. Eingesetzte Software

Auf dem Server:

- *Windows 2008 Server*

- *Abrechnungssoftware XYZ*

Auf dem Client:

- *Browser zum Aufruf der Web-Applikation der Software XYZ*

C zugriffsberechtigte Personen

Schreibberechtigungen haben die Inhaberin und die Buchhalterin. Leseberechtigungen haben die übrigen Mitarbeiter jeweils für die Daten der von Ihnen betreuten Kunden.

D. Maßnahmen zur Zutrittskontrolle

- *Verschlossene Türen, Schlüssel hat nur die Geschäftsleitung.*

- *Alarmanlage mit Aufschaltung beim Wachdienst außerhalb der Öffnungszeiten.*

- *Der Server befindet sich in einem stets verschlossenen Serverraum ohne Fenster.*

- *Besucher werden stets begleitet.*

E. Maßnahmen zur Zugangskontrolle

Zugang auf die Systeme ist nur mit Benutzername und Passwort möglich. Das Passwort muss mindestens acht Zeichen lang sein und aus Ziffern, Sonderzeichen und Buchstaben bestehen, wobei in Groß- und Kleinschreibung unterschieden wird.

Die Passwortqualität wird technisch überprüft. Alle 90 Tage muss das Passwort gewechselt werden. Der Wechsel wird technisch erzwungen.

F. Maßnahmen zur Zugriffskontrolle

Die Abrechnungssoftware verfügt über funktionsbezogene und datengesteuerte Zugriffsberechtigungen.

Es kann zwischen lesendem und schreibendem Zugriff unterschieden werden.

G. Maßnahmen zur Weitergabekontrolle

- *Einsatz von Virenscanner und Firewall, die regelmäßig aktualisiert werden.*

- *Papier wird in einem Aktenvernichter der Stufe 4 nach DIN 66399 zerkleinert.*

- *Festplatten sind verschlüsselt.*

- Entsorgung von Datenträgern über einen zertifizierten Dienstleister mit Entsorgungsnachweis.

H. Maßnahmen zur Eingabekontrolle

Sachbearbeiter, Eingabedatum und Änderungsdatum werden von der Software automatisch ermittelt und gespeichert.

I. Maßnahmen zur Auftragskontrolle

Mit Kunden und Dienstleistern werden Aufträge nach §11 BDSG geschlossen. Dabei wird der eigene Standardvertrag verwendet. Es findet eine regelmäßige Überprüfung der Dienstleister statt.

J. Maßnahmen zur Verfügbarkeitskontrolle

- Die Daten werden täglich gesichert, freitags erfolgt eine Vollsicherung, an allen anderen Tagen eine inkrementelle Sicherung. Die Bänder werden im Safe in der Privatwohnung der Inhaberin aufbewahrt.

- Der Serverraum verfügt über eine Klimaanlage.

- Im Serverraum und allen Büroräumen sind Rauchmelder installiert. Im Serverraum befindet sich ein CO_2-Feuerlöscher.

- *Der Server ist durch eine USV abgesichert.*

K. Maßnahmen zum Trennungsgebot

Innerhalb der Abrechnungssoftware ist eine Mandantentrennung (logische Trennung) implementiert. Dadurch werden die eigenen Daten logisch getrennt von denen im Auftrag der Kunden verarbeiteten Daten gespeichert.

Für Testzwecke und Schulungszwecke existiert ein gesondertes Stand-Alone Testsystem.

Tests erfolgen grundsätzlich nur mit Testdaten.

Zusätzlich zu den Verfahrensübersichten für die einzelnen Verfahren müssen Sie noch ein allgemeines, das sogenannte „öffentliche Verfahrensverzeichnis" erstellen, welches von Jedermann eingesehen werden darf.

Muster

1. Name der verantwortlichen Stelle:

Sabine Gründlich, Bürodienstleistungen

2. Inhaber, Geschäftsführung oder sonstige gesetzliche oder nach der Verfassung des Unternehmens berufene Leiter:

Sabine Gründlich

3. Beauftragter Leiter der Datenverarbeitung:

entfällt

4. Anschrift der verantwortlichen Stelle:

Hauptstr. 32, 25832 Tönning

5. Zweckbestimmung der Datenerhebung, -verarbeitung oder -nutzung:

Gegenstand des Unternehmens ist die Erbringung von Bürodienstleistungen für andere Unternehmen und Freiberufler. Die Datenerhebung, -verarbeitung und -nutzung erfolgt zur Ausübung der oben angegebenen Zwecke. Als Nebenzweck dient sie zur Durchführung der Personalverwaltung und -abrechnung.

6. Beschreibung der betroffenen Personengruppen und der diesbezüglichen Daten oder Datenkategorien:

Mitarbeiter, Kunden, Lieferanten, Interessenten, Personaldaten, Kontaktdaten, Auftragsdaten, Abrechnungsdaten.

7. Empfänger oder Kategorien von Empfängern, denen die Daten mitgeteilt werden können:

Daten werden an Empfänger im Inland übermittelt, sofern die Übermittlung gesetzlich gefordert ist, z.B. Sozialversicherungsträger. Außerdem können Abrechnungs-

daten zum Zwecke der Einbringung von Forderungen an ein Inkassobüro übermittelt werden.

8. Regelfristen für die Löschung der Daten:

Die Löschung der Daten erfolgt nach Ablauf der gesetzlichen Aufbewahrungsfristen. Sofern Daten hiervon nicht betroffen sind, werden diese gelöscht, sobald die unter 5. genannten Zwecke entfallen sind.

9. Geplante Datenübermittlung in Drittstaaten:

Eine Übermittlung in Drittstaaten erfolgt nicht, sie ist auch nicht geplant.

Schutzbedarf von Daten

Allen gespeicherten Daten sollte ein Schutzbedarf zuge-ordnet werden. Aus dem Schutzbedarf der Daten und den daraus resultierenden Folgen bei Datenschutzver-letzungen sollte abgeleitet werden, welche Maßnah-men getroffen müssen, um angemessene Datensicher-heitsmaßnahmen gemäß § 9 BDSG und Anlage zu tref-fen.

Bei der Kategorisierung sollte man den Schutzbedarf pro Schutzziel

- Verfügbarkeit,

- Vertraulichkeit und

- Integrität

ermitteln, denn daraus können sich unterschiedliche Maßnahmen ergeben.

Verfügbarkeit

Es muss sichergestellt sein, dass Daten zur Verfügung stehen, wenn diese benötigt werden. Dies betrifft so-wohl die Zeit, in der sie während des üblichen Betriebes zur Verfügung stehen müssen, als auch die Länge der Aufbewahrungsdauer.

Typische Fragen:

Wie lang sind die gesetzlichen, vertraglichen, satzungsgemäßen Aufbewahrungsfristen für die Daten?

Wie lange kann ich im täglichen Betrieb ohne die Daten auskommen? Wenige Stunden? Bis zu einem Tag? Mehrere Tage?

Vertraulichkeit

Es muss sichergestellt sein, dass die Daten nicht von Unbefugten eingesehen werden können oder an Unbefugte übermittelt werden.

Typische Fragestellung ist hier also, welche Folgen es hat, wenn Daten eingesehen oder unbefugt übermittelt wurden?

Greift in diesem Fall sogar § 42a BDSG (Informationspflichten bei Datenschutzpannen) oder gleichartige Regelungen aus anderen Gesetzen und Verordnungen wie SGB? Muss der Kunde einer Auftragsdatenverarbeitung informiert werden, weil seine Daten betroffen sind? Hat der Kunde Vertragsstrafen für diesen Fall vereinbart?

Integrität

Es muss sichergestellt werden, dass die Daten nicht verfälscht werden. Dies kann durch bösartige Absicht, versehentlich (Fehleingaben von Anwendern) oder technische Defekte wie Fehler in der Software oder defekte Speichermedien geschehen.

Welche Auswirkungen hat dieses? Wo ist Revisionssicherheit gefordert?

Unterschieden wird in der Regel entsprechend den BSI-Standards 100-1 bis 100-4 zur IT-Grundschutz-Vorgehensweise in die Schutzbedarfskategorie normal, hoch und sehr hoch.

Dabei gibt es keine verbindlichen Abgrenzungen zwischen den Schutzbedarfskategorien. Diese Abgrenzung muss jedes Unternehmen für sich selbst treffen. Die Grenzen hängen in erster Linie von den für das Unternehmen akzeptablen zeitlichen Ausfällen, sowie wie von den entstehenden finanziellen Folgen ab.

Entsprechend des BSI-Standards 100-2 kann der Schutzbedarf in folgende Kategorien unterteilt werden:

- Normal: die Schadenswirkungen sind begrenzt und überschaubar.

- Hoch: die Schadenauswirkungen können beachtlich sein.

- Sehr hoch: die Schadenauswirkungen können ein existenziell bedrohliches, katastrophales Ausmaß erreichen.

Der BSI-Standard 100-2 schlägt vor, die folgenden sechs typischen Schadenszenarien zu betrachten:

1. Verstoß gegen Gesetze, Vorschriften und Verträge.

Bei diesem Szenario können pro Schutzbedarfskategorie maximal akzeptable Beträge konkret in Euro oder als Prozentsatz des Jahresumsatzes angegeben werden. Abhängig von der Finanzstärke des Unternehmens schwanken die Werte: Bei Großunternehmen kann ein Schaden von mehreren hunderttausend Euro als begrenzt und überschaubar (normaler Schutzbedarf) eingestuft werden, während ein Schaden von über 10.000 Euro für ein kleines Unternehmen schon existenzbedrohende Ausmaße haben kann.

2. Beeinträchtigung des informellen Selbstbestimmungsrechtes

Hier handelt es sich um Beeinträchtigung des Betroffenen in seiner gesellschaftlichen Stellung oder in seinen wirtschaftlichen Verhältnisses. Bei schwerwiegenden Verletzungen können unter Umständen auch Gefahr für Leib und Leben oder die persönliche Freiheit des Betroffenen gegeben sein. Die Abgrenzung zwischen den Schutzbedarfskategorien durch Angaben konkreter Zahlen ist in der Regel nicht möglich.

3. Beeinträchtigung der persönlichen Unversehrtheit

Hier geht es hauptsächlich um Gesundheitsschaden, im schlimmsten Fall auch um Lebensgefahr. Beispiele sind

Folgen falscher medizinischer Diagnosen oder fehlerhafte Dokumentation von Medikamenten oder auch Folgen von Offenbarung von Daten aus Zeugenschutzprogrammen.

4. Beeinträchtigung der Aufgabenerfüllung

Hier können konkrete Zahlen benannt werden: Wie lange darf die Ausfallzeit des Systems maximal sein?

5. negative Innen- und Außenwirkung

Hier geht es darum, wie weit das Ansehen des Unternehmens und das Vertrauen in das Unternehmen in Mitleidenschaft gezogen werden. Vertrauensverluste können existenzbedrohende Auswirkungen haben, dann, wenn die Kunden aus diesem Grund wegbleiben.

6. finanzielle Auswirkungen

Bei Betrachtung dieses Szenarios kann der tolerierbare Schaden wieder konkret benannt werden. Welche Umsatzverluste sind für das Unternehmen akzeptabel, ab welcher Höhe wird es schmerzhaft, ab wann ist der Schaden existenzbedrohend?

Wenn sie die zu Ihren Systemen gehörigen Maßnahmen aus dem BSI Grundschutzkatalog umsetzen, haben Sie ausreichende Maßnahmen umgesetzt, um Daten mit normalem Schutzbedarf abzusichern.

Anhang

Abkürzungen

ADV	Auftragsdatenverarbeitung nach § 11 BDSG
AO	Abgabenordnung
BDSG	Bundesdatenschutzgesetz
BGB	Bürgerliches Gesetzbuch
BSI	Bundesamt für Sicherheit in der Informationstechnik
EDV	Elektronische Datenverarbeitung
IT	Informationstechnik
KunstUrhG	Kunsturhebergesetz
SGB	Sozialgesetzbuch
TKG	Telekommunikationsgesetz
TMG	Telemediengesetz

USV   unterbrechungsfreie Stromversorgung

UWG   Gesetz gegen den unlauteren Wettbe-
werb

VPN   Virtual private network (Virtuelles priva-
tes Netz)

Begriffserklärungen

Auszug aus § 3 BDSG:

(1) **Personenbezogene Daten** sind Einzelangaben über persönliche oder sachliche Verhältnisse einer bestimmten oder bestimmbaren natürlichen Person (Betroffener).

(3) **Erheben** ist das Beschaffen von Daten über den Betroffenen.

(4) **Verarbeiten** ist das Speichern, Verändern, Übermitteln, Sperren und Löschen personenbezogener Daten.

(5) **Nutzen** ist jede Verwendung personenbezogener Daten, soweit es sich nicht um Verarbeitung handelt.

(7) **Verantwortliche Stelle** ist jede Person oder Stelle, die personenbezogene Daten für sich selbst erhebt, verarbeitet oder nutzt oder dies durch andere im Auftrag vornehmen lässt.

(8) **Empfänger** ist jede Person oder Stelle, die Daten erhält. **Dritter** ist jede Person oder Stelle außerhalb der verantwortlichen Stelle. Dritte sind nicht der Betroffene sowie Personen und Stellen, die im Inland, in einem anderen Mitgliedstaat der Europäischen Union oder in einem anderen Vertragsstaat des Abkommens über den Europäischen Wirtschaftsraum personenbezogene Daten im Auftrag erheben, verarbeiten oder nutzen.

Quellen

www.datenschutzzentrum.de
Unabhängiges Landeszentrum für Datenschutz Schleswig-Holstein

www.bsi.bund.de
Bundesamt für Sicherheit in der Informationstechnik (BSI)

Die Autorin

Birgit Pauls, Jahrgang 1963, ist seit 1998 als selbständige Unternehmensberaterin mit Schwerpunkt Datenschutz tätig.

Sie berät bevorzugt kleine und mittlere Unternehmen in allen Fragen rund um den Datenschutz, arbeitet als externe Datenschutzbeauftragte und hält Schulungen und Vorträge zu Datenschutzthemen.

Kontakt: info@birgitpauls.de

Webseite der Autorin: www.birgitpauls.de

Birgit Pauls

Chefsache Datenschutz

Viele Freiberufler sowie kleine und mittlere Unternehmen sind auf Grund ihrer Mitarbeiterzahl von der Pflicht zur Bestellung eines Datenschutzbeauftragten befreit. Gesetze und Verordnungen zum Datenschutz müssen trotzdem eingehalten werden, Datenklau und Datenmissbrauch können auch Sie treffen. Datenschutz ist damit Chefsache. Dieser Ratgeber leitet Sie durch den Dschungel der nationalen wie der europäischen Gesetzgebung zu einem komplexen Thema. Er beschreibt, welchen Gefährdungen durch effizienten Datenschutz begegnet werden kann, erklärt die Pflichten, die jedem Unternehmen aus der Datenschutzgesetzgebung entstehen, hilft, gängige Fehler zu vermeiden und bietet jede Menge praxiserprobte Tipps, wie sich ein guter Datenschutz zu angemessenen Kosten praktisch umsetzen lässt.

Erschienen im Candela-Verlag, Korb

ISBN: 978-3-942635-10-3